Gå trygg framåt och lev din längtan

MISSA LAUDATE

Sjungen mässa för kör, solister, orgel och församling
**av Maria Fernbom (text), Åsa Hagberg (text & musik)
och Maria Ljungdahl (text & musik)**

AF286629

Partitur för kör, musiker och solister

MISSA LAUDATE (Gå trygg framåt och lev din längtan) är ett kyrkomusikaliskt material till en sjungen mässa för solister, kör, orgel och församling.

Kompositören Maria Ljungdahl har sedan år 2020 under artist- och förlagsnamnet Maritune Art & Music gett ut bland annat en sångcykel med tonsättningar av svensk poesi från fem sekel och två digitala album med elektroakustisk musik.

Författaren Maria Fernbom är utbildad bibliotekarie och kulturvetare, med ett stort intresse för litteratur, människor och omvärld.

Åsa Hagberg är sedan många år aktiv som författare och föreläsare. Åsa har bidragit med många texter och även melodier till nya psalmer och andliga sånger, förutom att hon av flera svenska tonsättare gärna anlitas som textförfattare till större kyrkomusikaliska verk.

ISBN: 978-91-9865-163-8 (tryckt partitur, A4 mjukband)
ISMN: 979-0-66150-193-0 (partituret i A4-format)
ISWC: T-315.339.985-6 (hela verket Missa Laudate)
Denna upplaga är utgiven av Maritune Art & Music, Lavvägen 4, 184 70 Åkersberga.
Info: www.kthxby.com/missa-laudate Kontakt: maritune@kthxby.com
Tryckt och distribuerad av BoD — Books on Demand, Norderstedt, Tyskland. www.bod.se/bokshop
Noterna finns också att köpa i digital form, antingen direkt från Maritune Art & Music eller via den brittiska notaffären Score Exchange, och priset gäller då för en användare per betald rätt till nedladdning eller direktutskrift. www.scoreexchange.com/profiles/mljungdahl

Notskrivning, layout och produktion av tryckunderlag: Maritune Art & Music.
För information om textförfattaren Åsa Hagberg: www.asahagberg.se

INNEHÅLL

Tankarna om att på eget initiativ och inte på någon annans önskemål eller som svar på en officiell beställning skriva och sammanställa nya texter och ny musik att användas i gudstjänsten väcktes i samband med en livlig debatt för ett antal år sedan kring Svenska kyrkans handbok. Hur kan vi som författare, musiker och kristna medvandrare bidraga med kunskap, kreativitet och konstnärliga visioner, så att vägen till Guds rike blir tydligare för dem som idag — inom eller utanför organiserade kyrkliga sammanhang — lever med en längtan efter att följa Jesus Kristus, fira mässa, läsa Bibeln, be och sjunga tillsammans med andra? Hur kan kristna samfund och församlingar bidraga med undervisning, organisation och teologiska visioner som verkligen röjer en väg till Guds rike, predikar det glada budskapet och gör lovsången möjlig?

Resultatet av detta arbete är slutligen samlat, och publiceras här med hopp om att kunna bli ett användbart komplement i gudstjänstens musik. Mässan innehåller nyskrivna och äldre liturgiska texter och melodier, hymner, körsatser, komponerad orgelmusik och utrymme för improvisation över materialet.

Flera av texterna och melodierna har hämtats från sådant som tidigare skrivits för något annat sammanhang. Ytterligare material har lånats från andra källor, för att komplettera de ursprungliga bidragen, så att verket i denna hopredigerade helhet kan fungera som en fullständig mässa i Kyrkans och kristenhetens rika tradition av gammalt och nytt i god och from förening.

Det viktigaste tilläggsmaterialet i Missa Laudate består av utdrag ur Bibeln i grundtext och svensk översättning, samt en latinsk hymn ur skolsångboken Piæ Cantiones (1582). Den senare med en traderad melodivariant som möjligen kan ha sjungits på 1700-talet i Växjö under Samuel Ödmanns (1750-1829) gymnasietid, och här använd med svensk text som skrevs i Finland omkring år 1900 av Fridolf Wladimir Gustafsson (1853-1924). Dessutom har en grönländsk julpsalm av Peter Pavia Eigil Nathanael Olsen (1892-1930) infogats på platsen för söndagens gradualpsalm, och fått en svensk tolkning som passar mässans tema.

Missa Laudates gudstjänstordning har fått bli till under premissen att en "musikmässa" eller "temamässa" (det senare ett begrepp som länge funnits inom Svenska kyrkan) av olika anledningar — ämnets angelägenhet, en konstnärlig vision, ett missionerande syfte — kan tillåtas ta ut svängarna i det liturgiska språket och formen. Om materialet används i en annan typ av gudstjänst än musikmässa eller temagudstjänst kan urvalet och ordningen mellan momenten behöva anpassas efter vilken form av gudstjänst det är som firas. När Missa Laudate används i en gudstjänst med konkret mässfirande, bör till exempel nattvardsbönens instiftelseord och vissa andra böner och liturgiska moment ersättas eller dubbelcelebreras med de texter som är traditionella och ekumeniskt korrekta. En prästvigd person skall då ansvara för de traditionella momentens texter.

Tack till Svenska Bibelsällskapet för rätten att citera texter ur Bibel 2000! Mange tak! till Bispekontoret för Grönlands stift, för hjälp med frågor angående publiceringen av Peter Olsens psalm och porträttbild. Tack till Ingrid Åkesson på Svenskt visarkiv i Stockholm och professor Mattias Lundberg vid Uppsala Universitet, för god hjälp angående källorna och forskningen om Piæ Cantiones! Tack till de orgelkunniga vännerna Vivi Boozon, Magnus Holmlund, Oskar Janner, Hanna Lindahl och Maria Löfberg, samt familjen Sjelvgren, utan vars hjälp med synpunkter och idéer under arbetet med olika delar av mässan och tips om vad en tonsättare behöver veta om orgelspel och orgelnotation detta projekt inte hade varit möjligt att slutföra! Tack till Lars Ljungdahl för stort arbete med att digitalisera gamla fotografier! Uno Ljungdahl skall ha ett postumt tack för sitt hoppingivande tjat om att få se och prova de nyskrivna körsångerna! Slutligen, ett varmt tack till Maria Fernbom och Åsa Hagberg, för all inspiration från och gott samarbete kring era texter och melodier! (MaLj)

MISSA LAUDATE Op. 14

Gå trygg framåt och lev din längtan

1. Preludium — Inledningsmusik

Musik © 2022 Maria Ljungdahl. ISWC T-315.328.973-3

ISMN: 979-0-66150-193-0

2. Confessio — Syndabekännelse ur Psaltaren 139

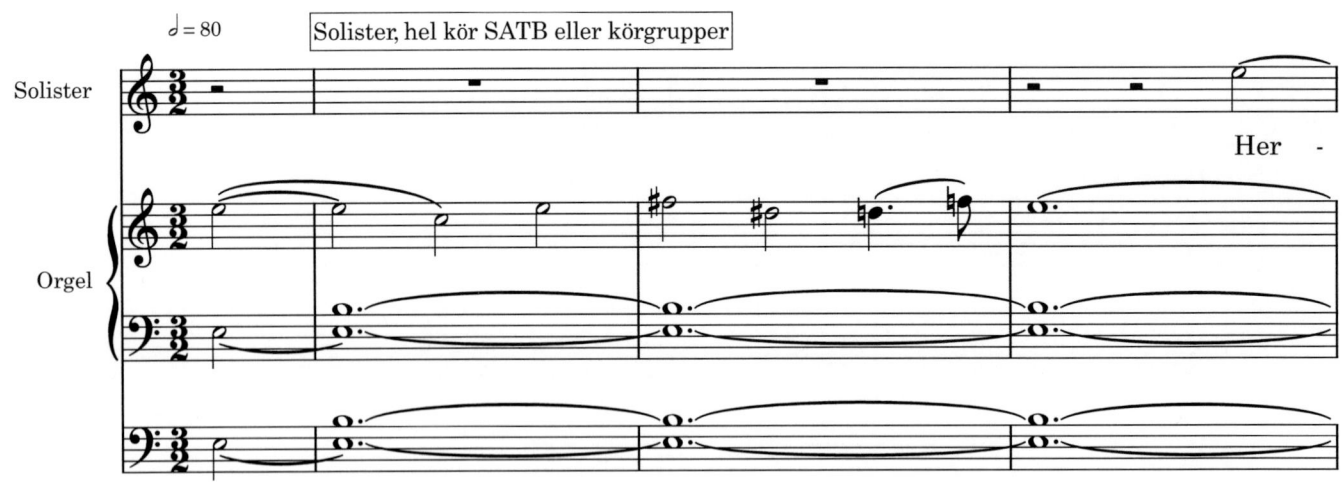

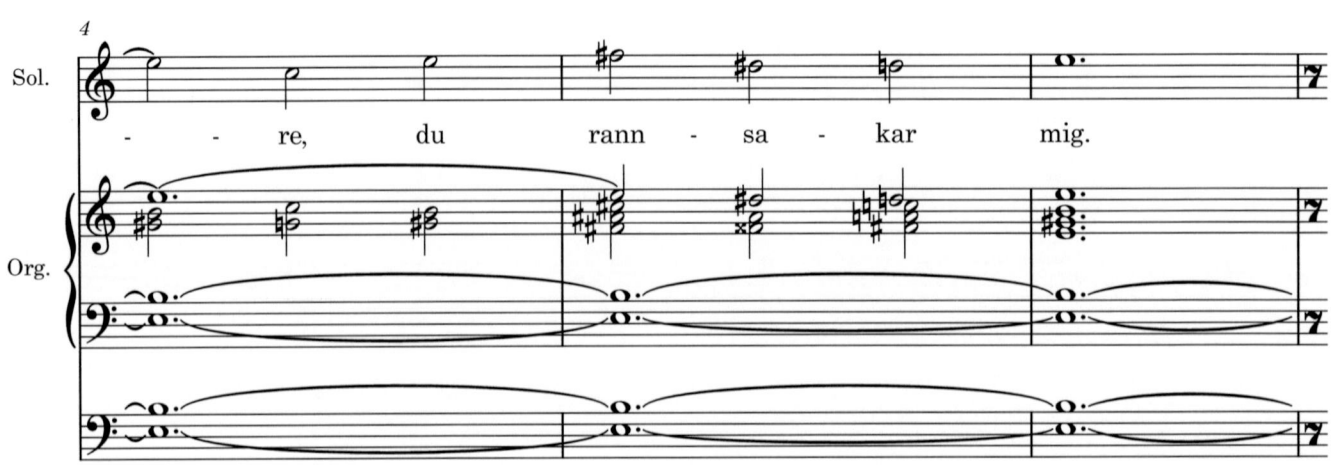

Herre, du rannsakar mig.

(1)

Herre, du rannsakar mig och känner mig. Om jag står eller sitter vet du det, fast du är långt borta vet du vad jag tänker. Om jag går eller ligger ser du det, du är förtrogen med allt jag gör. Innan ordet är på min tunga vet du, Herre, allt jag vill säga.

(2)

Du omger mig på alla sidor, jag är helt i din hand. Den kunskapen är för djup för mig, den övergår mitt förstånd. Var skulle jag komma undan din närhet? Vart skulle jag fly för din blick? Stiger jag upp till himlen, finns du där, lägger jag mig i dödsriket, är du också där.

(3)

Tog jag morgonrodnadens vingar, gick jag till vila ytterst i havet, skulle du nå mig även där och gripa mig med din hand. Om jag säger: Mörker må täcka mig, ljuset omkring mig bli natt, så är inte mörkret mörkt för dig, natten är ljus som dagen, själva mörkret är ljus.

(4)

Du skapade mina inälvor, du vävde mig i moderlivet. Jag tackar dig för dina mäktiga under, förunderligt är allt du gör. Du kände mig alltigenom, min kropp var inte förborgad för dig, när jag formades i det fördolda, när jag flätades samman i jordens djup.

(5)

Du såg mig innan jag föddes, i din bok var de redan skrivna, de dagar som hade formats innan någon av dem hade grytt. Dina tankar, o Gud, är för höga för mig, väldig är deras mångfald. Vill jag räkna dem är de flera än sandkornen, når jag till slutet är jag ännu hos dig.

(6)

Döda de onda, Gud! Låt mördarna försvinna, de som trotsar dig med sina ränker och fåfängt höjer sin röst mot dig. Skulle jag inte hata dem som hatar dig, Herre, och avsky dem som reser sig mot dig? Jag hatar dem med glödande hat, mina fiender har de blivit.

(7)

Rannsaka mig, Gud, och känn mina tankar, pröva mig och känn min oro, se om min väg för bort från dig, och led mig på den eviga vägen.

Amen.

Text ur Bibel 2000 © 1999 Svenska Bibelsällskapet. Musik © 2016 Maria Ljungdahl.

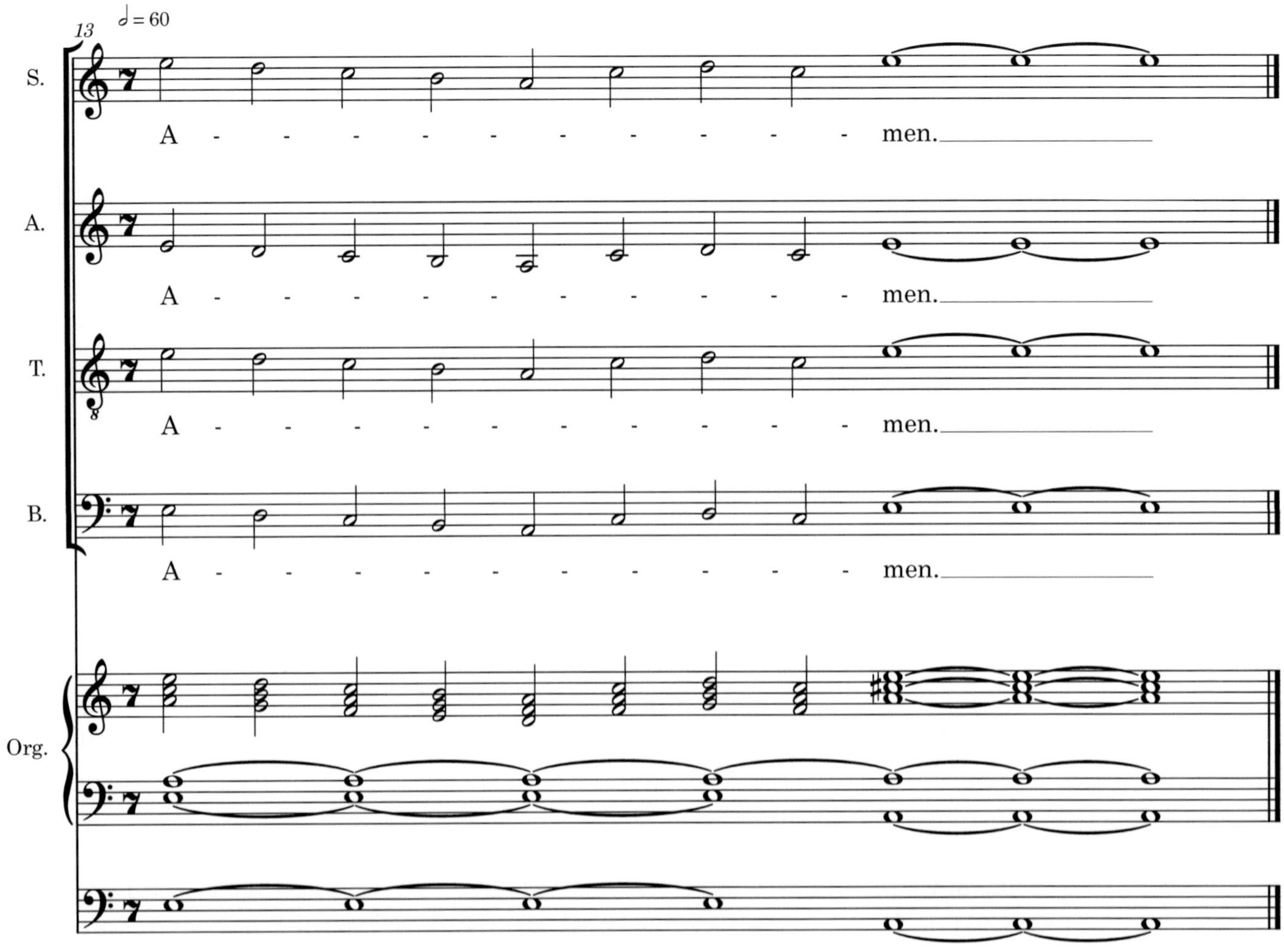
13
𝅗𝅥 = 60
S.
A - - - - - - - - - - men.
A.
A - - - - - - - - - - men.
T.
A - - - - - - - - - - men.
B.
A - - - - - - - - - - men.
Org.

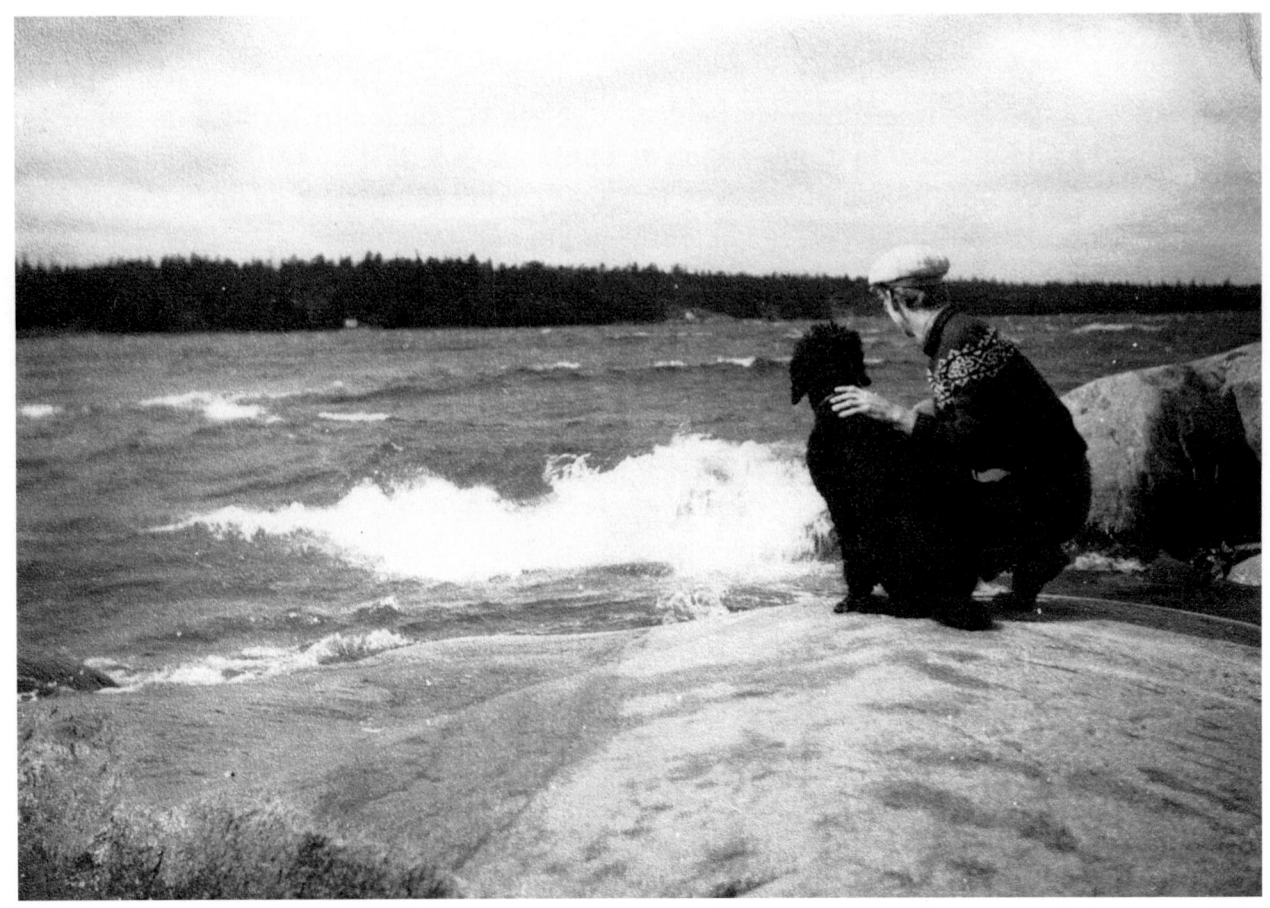

3. Inledningsbön — Visa mig vägen

Präst

P: I Faderns och Sonens och den heliga Andens namn.
Vi ber med ord hämtade från den heliga Birgittas bön om vägledning:

Jesus, Guds Son, du som stod tyst inför dina mänskliga domare.
Hjälp mig att tänka först, och tala sedan.
Kom snart och lys upp natten! Jag längtar efter dig.
Säg åt min själ att lita på din nåd och omsorg.
Visa mig vägen framåt, och gör mig villig att vandra den.
Vådligt är att dröja och farligt att gå vidare.
Men uppfyll nu min längtan, och visa mig den vägen.
Jesus, ge mitt hjärta ro.
Amen.

> Efter bönen Visa mig vägen, spelas
> introt till Miserere enligt nedan

Andante ♩ = 80

Orgel

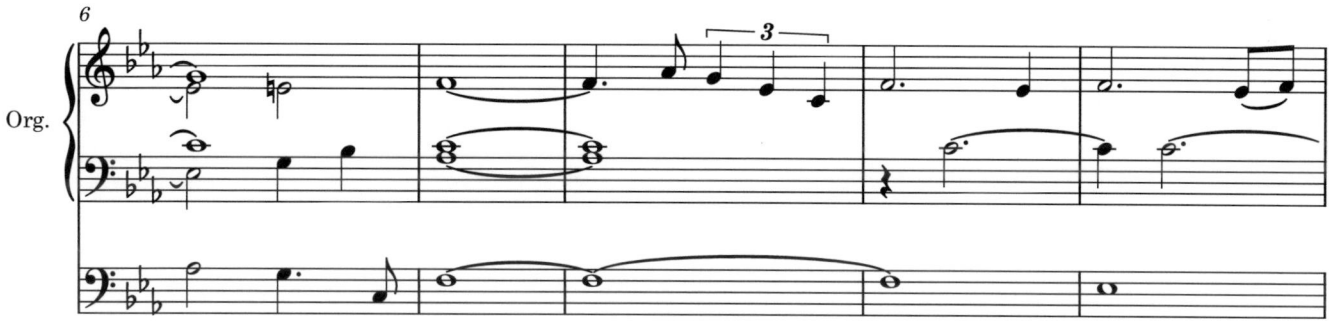

Org.

Org.

4. Miserere — Bön om förlåtelse och frid

Gud,_____ här kom - mer jag nu in -

-för din he - li - ga blick,___ som en gry - - - ning___

ö - ver hjär - tats al - la dol - da rum, till för -

rikt - ning___   du   som re - dan fyl - ler hjär - tats rum, med för-

rikt - ning___   du   som re - dan fyl - ler hjär - tats rum, med för-

-lå - tel - se och frid,   med för - lå - tel - se och   frid.___

-lå - tel - se och frid,   med för - lå - tel - se och   frid.___

Solist och församling eller solist och unison kör

Gud,_____ vi tac - kar dig nu,_____ att

Gud,_____ vi tac - kar dig nu,_____ att

du har öpp - nat en väg_____ i din gry - - ning,

du har öpp - nat en väg_____ i din gry - - ning,

Du som bor i vå - ra hjär - tans rum, med för -

-lå - tel - se och frid, med för - lå - tel - se och frid.

5. Kyrie eléison — Gör vår godhet sann

Verse lyrics:

1. Gör vår god-het sann, mer än vack-ra ord, låt den bli ett ut-tryck för din vil-ja, din vil-ja på vår jord. Ky - rie e - léi - son.

2. Gör vår kär-lek ren, he-lad i ditt sår, fylld av den barm-här-tig-het som vak-nar, som vak-nar där du går. Chris-te e-léi - son.

3. Gör vår lå-ga klar, skyd-dad av din frid, tänd av An-den in-om oss, av lju-set, av ljus-et bor-tom tid. Ky-rie e-léi - son.

Text & melodi © 2010, 2013, 2020 Åsa Hagberg. Arrangemang © 2020 Maria Ljungdahl. ISWC T-315.553.130-5

6. Gloria & Laudamus — Ära åt Gud i höjden / Vi lovar dig

Peter Pavia Eigil Nathanael Olsen (1892-1930)
https://biografiskleksikon.lex.dk/Peter_Olsen
https://de.wikipedia.org/wiki/Peter_Olsen_(Dichter)
Knud Hertling: Ajoqinnguaq (1993) (biografi och musiknoter)

7. Hymn — Vår Herre Jesus från höjden kom

Efter en grönländsk julsång av Peter Olsen (1892-1930). Svensk text © 2020 Maria Ljungdahl. ISWC T-315.340.447-4

8. Evangelium — Joh. 14:1-31

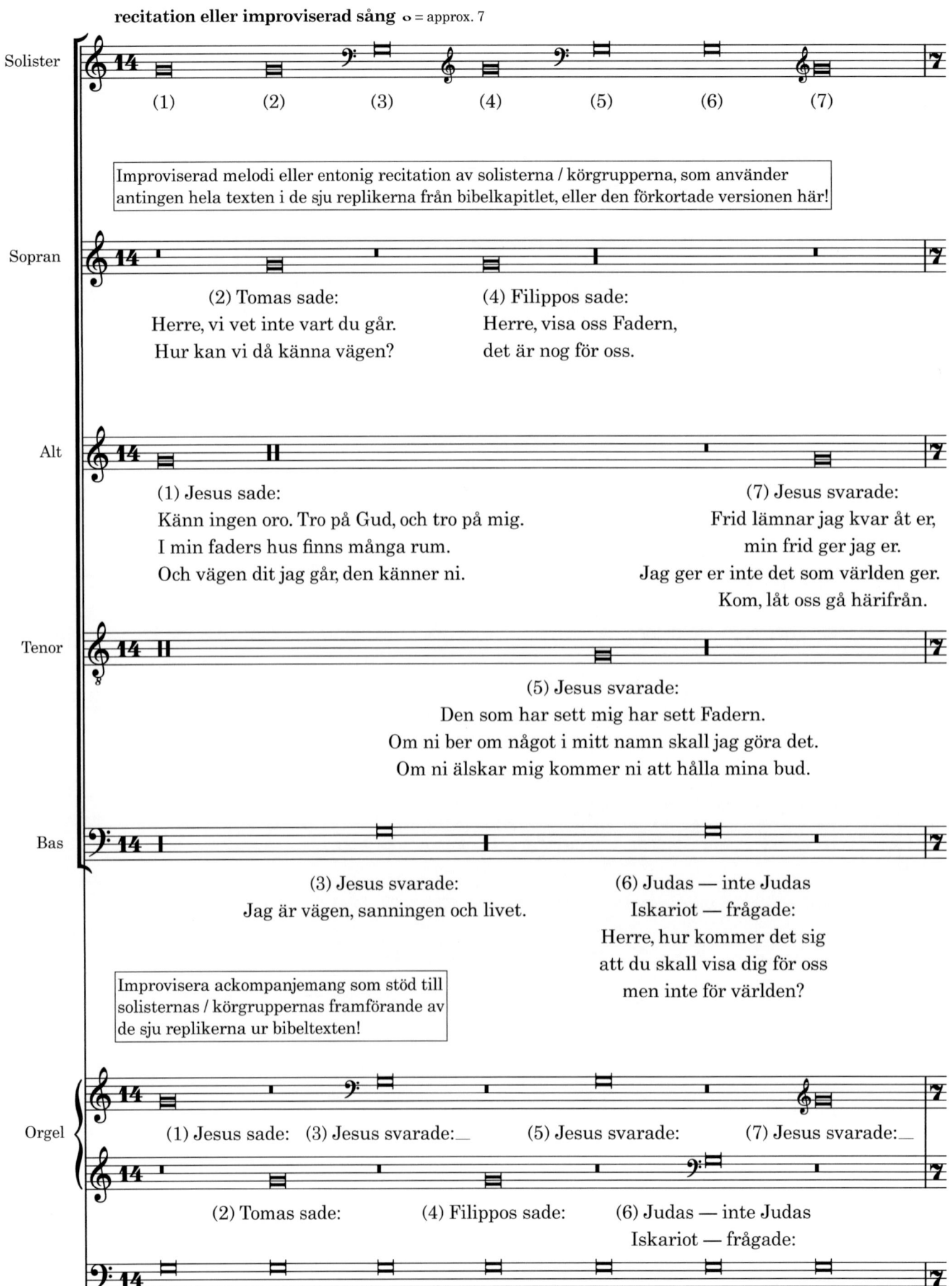

Musik © 2019 Maria Ljungdahl. ISWC T-315.340.442-9

P: Jesus sade: Jag är vägen, sanningen och livet.

Må Guds Ord komma till oss här och nu och höras i hela församlingen, genom det evangelium som vi tillsammans tar del av. Texten kommer från evangelisten Johannes och berättar om en dialog mellan Jesus och hans lärjungar.

(Läsning och / eller framförande av bibeltexten. Improviserad melodi eller entonig recitation av solisterna / körgrupperna, som använder antingen hela texten i de sju replikerna från bibelkapitlet, eller den förkortade versionen i noterna! Församlingen står upp och deltar efter förmåga i evangelieläsningen.)

(1) Jesus sade: "Känn ingen oro. Tro på Gud, och tro på mig. I min Faders hus finns många rum. Skulle jag annars säga att jag går bort för att bereda plats för er? Och om jag nu går bort och bereder plats för er, så skall jag komma tillbaka och hämta er till mig, för att också ni skall vara där jag är. Och vägen dit jag går, den känner ni."

(2) Tomas sade: "Herre, vi vet inte vart du går. Hur kan vi då känna vägen?"

(3) Jesus svarade: "Jag är vägen, sanningen och livet. Ingen kommer till Fadern utom genom mig. Om ni har lärt känna mig skall ni också lära känna min fader. Ni känner honom redan nu och ni har sett honom."

(4) Filippos sade: "Herre, visa oss Fadern, det är nog för oss."

(5) Jesus svarade: "Så länge har jag varit tillsammans med er, och ändå känner du mig inte, Filippos? Den som har sett mig har sett Fadern. Hur kan du då säga: Visa oss Fadern? Tror du inte att jag är i Fadern och Fadern i mig? Om ni ber om något i mitt namn skall jag göra det. Om ni älskar mig kommer ni att hålla mina bud."

(6) Judas — inte Judas Iskariot — frågade: "Herre, hur kommer det sig att du skall visa dig för oss men inte för världen?"

(7) Jesus svarade: "Den som inte älskar mig bevarar inte mina ord. Men ordet som ni har hört kommer inte från mig utan från Fadern som har sänt mig. Detta har jag sagt er medan jag är kvar hos er. Men Hjälparen, den heliga anden som Fadern skall sända i mitt namn, han skall lära er allt och påminna er om allt som jag har sagt er. Frid lämnar jag kvar åt er, min frid ger jag er. Jag ger er inte det som världen ger. Kom, låt oss gå härifrån."

(efter recitationen avslutar präst och församling)

P: Så lyder det heliga evangeliet.

F: Så lyder det heliga evangeliet.
Lovad vare du, Kristus.

(därefter sjunges samma avslutningsord)

Text ur Bibel 2000 © 1999 Svenska Bibelsällskapet. Musik © 2016 Maria Ljungdahl.

9. In nomine — I den treeniges namn

10. Credo — Den apostoliska trosbekännelsen

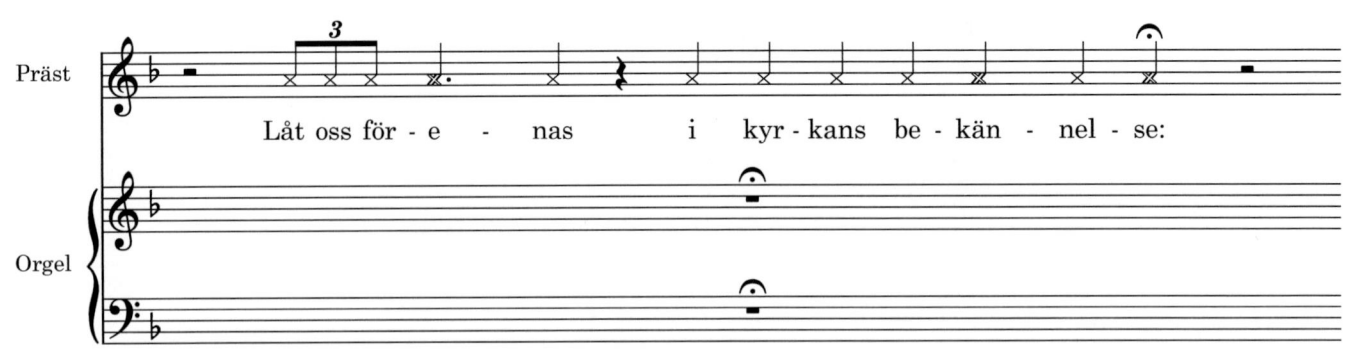

Präst

Orgel

Låt oss för - e - nas i kyr - kans be - kän - nel - se:

♩ = approx. 92

Orgeln kan stödja sångens melodi och
passande ackompanjemang läggas till

Sol.

Vi__ tror på Gud Fa - der, vi__ tror__ på Gud Fa - der, vi__ tror på Gud

Alla

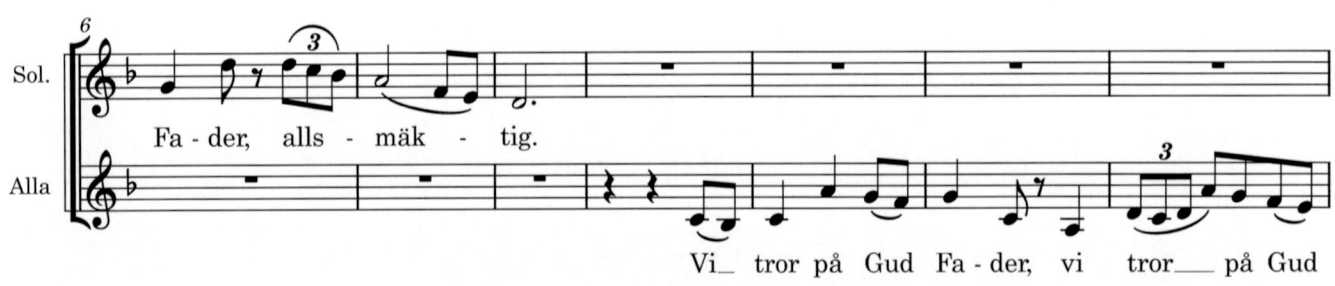

Sol.

Fa - der, alls - mäk - tig.

Alla

Vi__ tror på Gud Fa - der, vi tror__ på Gud

Sol.

Vi__ tror på Gud

Alla

Fa - der, vi tror på Gud Fa - der, alls - mäk - tig.

Sol.

Fa - der, alls - mäk - tig, him - mel - ens och jor - dens ska - pa - re.

Alla

Musik © 2013, 2022 Maria Ljungdahl. ISWC T-315.339.983-4

11. Oratio — Förbön

1. Gud, vi ber för,___ o, Gud, vi ber,___ för de trött - ta,
2. Gud, vi ber för,___ o, Gud, vi ber,___ för de glöm - da,
3. Gud, vi ber för,___ o, Gud, vi ber,___ för de sju - ka,

för de lå - gor som drar ef - ter luft, de,___ som ba - ra vill
de som säl - lan får hö - ra sitt namn med___ en röst som bär
för de slag - na med blö - dan - de sår, du,___ som själv druc - kit

Kör

ly - sa sin gläd - je, men le - van - dets krav är för tufft.
vär - me som vå - ren, som öpp - nar den slut - nas - te famn.
plå - gor - nas bot - ten och vet hur en män - ni - ska mår.

Alla

Låt ditt ri - ke kom - ma,____ låt an - den få liv av ditt liv.____
Låt ditt ri - ke kom - ma,____ låt vär - men få nå än - da in.____
Låt ditt ri - ke kom - ma,____ ditt he - lan - de, lä - kan - de vin.____

Alla

4. Gud, vi ber för,____ o, Gud, vi ber____ för din kyr - ka,

för den jord, för det an - svar du gett, där___ så myc - ket blir

tram - pat och vil - set, o, Gud, led din mänsk - lig - het rätt.

Låt ditt ri - ke kom - ma,___ din god - het, din san - ning, din fred.___

Låt ditt ri - ke kom - ma, **1** *låt din vil - ja ske!___*

12. Hymn — Gud, låt oss se din frälsning

Text © Åsa Hagberg 2020. Musik © Maria Ljungdahl 2020. ISWC T-315.310.573-4

13. Sursum corda — Höj blicken, lyft hjärtat

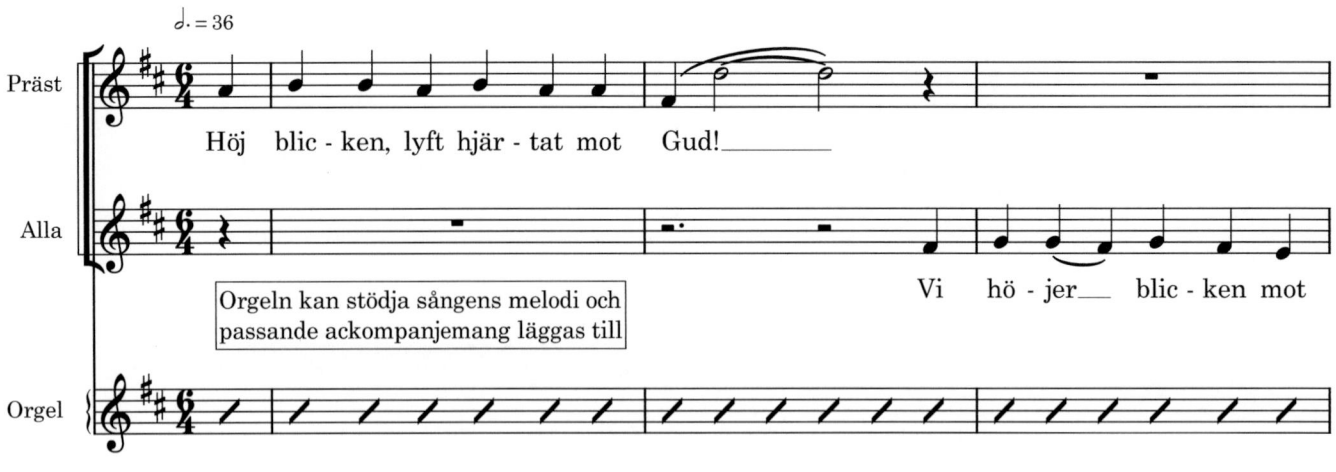

P: Tack för den levande kraft du fyller oss med,
genom din heliga Ande.
Du är större än allt — men ryms i våra hjärtan.
Du älskade innan vi fanns.
Du bär oss genom livet.
Bortom tiden samlas vi åter hos dig.
Du ser oss — var och en — som en pärla.
Vi vill formas efter din vilja.
Gå stärkta utåt i världen,
Speglande din kärleks ljus.

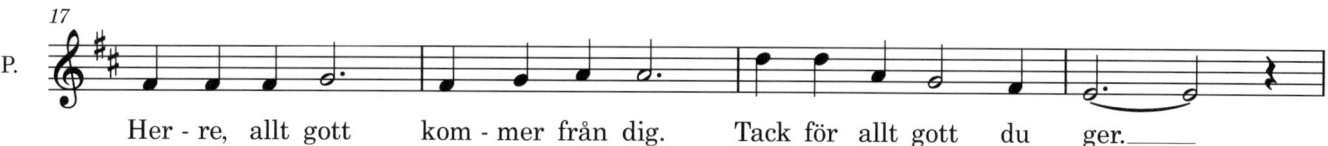

17
P.
Her - re, allt gott kom - mer från dig. Tack för allt gott du ger.
21
Alla
Her - re, allt gott kom - mer från dig. Tack för allt gott vi får.
[24]
P.
Låt and - ra se him - len i oss
Alla
Låt oss se him - len i dem.

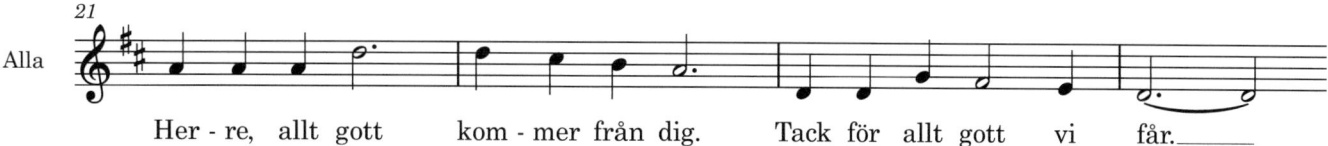

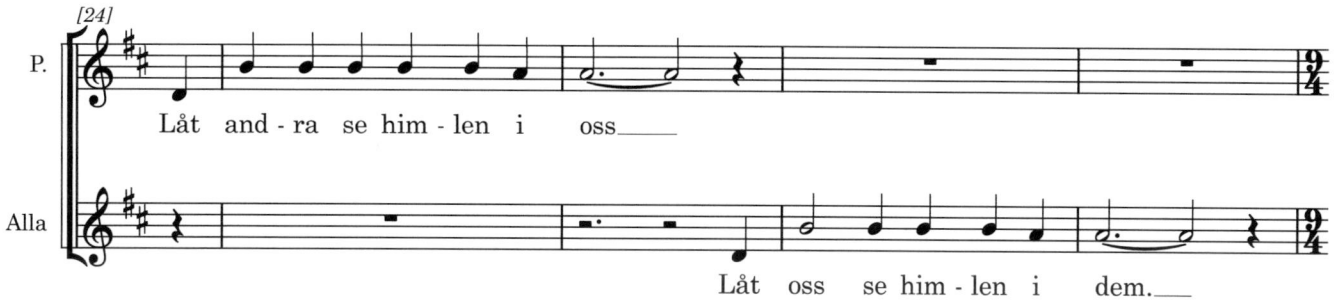

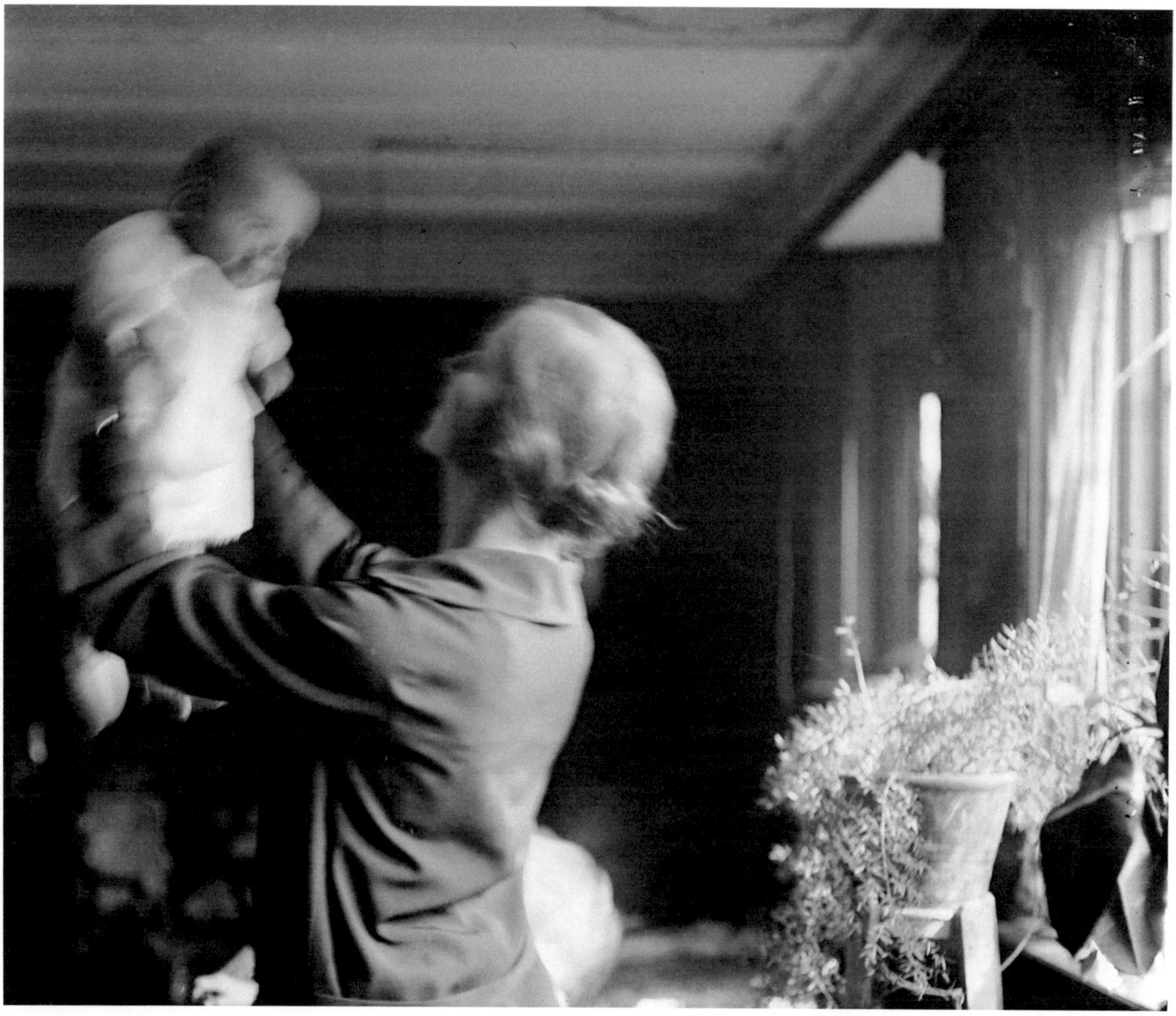

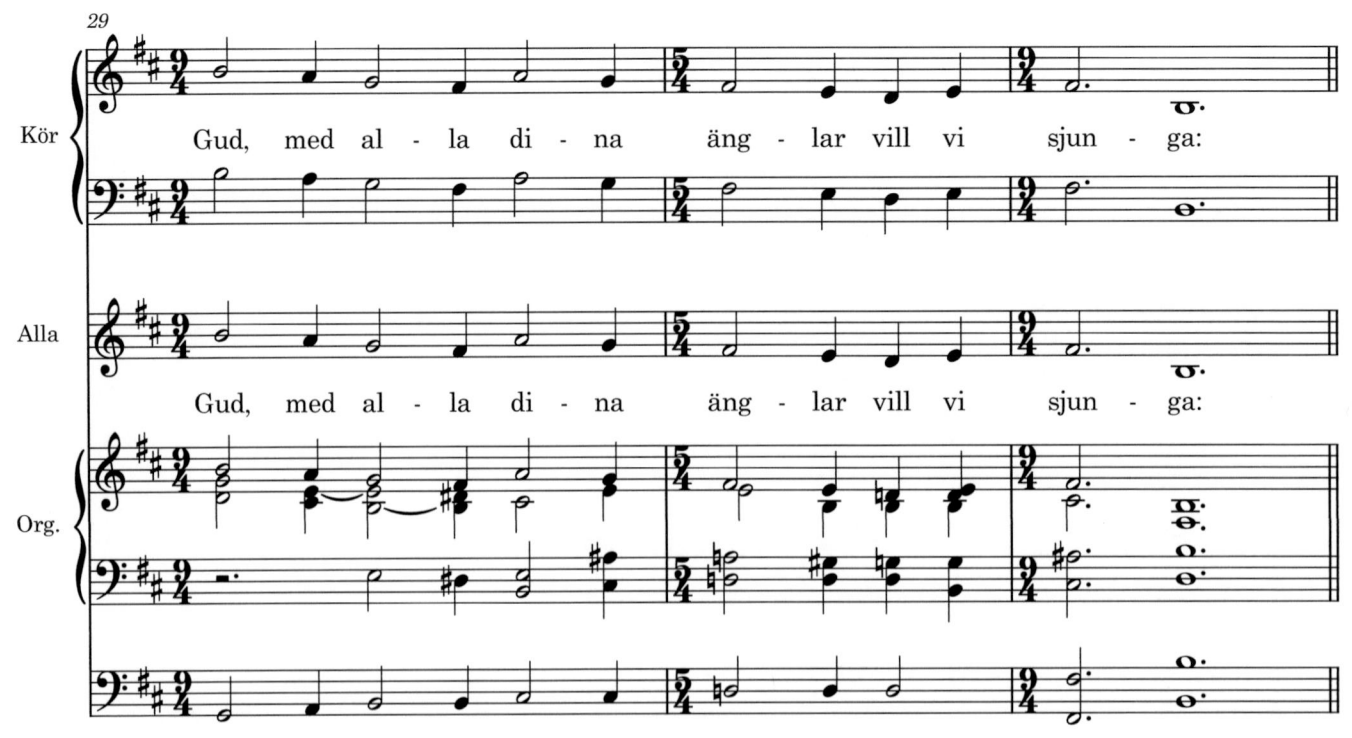

14. Sanctus — Helig, helig, helig

3
Kör
jor - dens Gud. Ä - ran, mak - ten, höj - den,
Alla
jor - dens Gud. Ä - ran, mak - ten, höj - den,
Org.

5
Kör
här - lig - het från djup till djup. Du som kom - mer, bju - der
Alla
här - lig - het från djup till djup. Du som kom - mer, bju - der
Org.

15. Anaphorá — Nattvardsbön

Präst

Vårt dagliga bröd för vardag och fester
Gud bjuder oss, vi är på jorden hans gäster.
Så tackar vi därför i lust och i nöd
vår givmilde Fader, för liv och för bröd.
Amen.

Herre Jesus Kristus, du finns mitt ibland oss.
Låt oss få möta dig i enkel och djup glädje.
Låt oss få möta dig i den gemensamma måltiden.
Du har dött och uppstått för att vi skall leva.
Låt oss förstå det när vi går till din heliga nattvard
för att komma ihåg och för att bli förlåtna.
Låt oss komma med glädje, och du fördjupar vår glädje.
Låt oss komma med synd och skuld, och du befriar oss.
Låt oss komma med oro och bedrövelse,
och du ger oss frid och spirande glädje till tröst,
genom din heliga Ande.
Låt oss komma utan någonting alls,
och du ger oss allt vi behöver.
Du sänder din heliga Ande,
och blir kvar hos oss genom bröd och vin.

Den natt, Herre, då du blev förrådd
tog du ett bröd, tackade,
bröt det och gav åt dina lärjungar och sade:
Tag och ät.
Detta är min kropp
som blir utgiven för er.
Gör detta till min åminnelse.
Likaså tog du bägaren, tackade
och gav åt lärjungarna och sade:
Drick av den alla.
Denna bägare är det nya förbundet genom mitt blod,
som blir utgjutet för många, till syndernas förlåtelse.
Så ofta ni dricker av den,
gör det till min åminnelse.

Din död förkunnar vi, Herre,
din uppståndelse bekänner vi
till dess du kommer åter i härlighet.

Ära vare Fadern och Sonen och den heliga Anden.
Amen.

40

16. Páter himôn — Fader till oss, du som är i himlarna

Matteus 6:9-16. Textparafras samt musik © 2016, 2022 Maria Ljungdahl. ISWC T-315.310.582-5

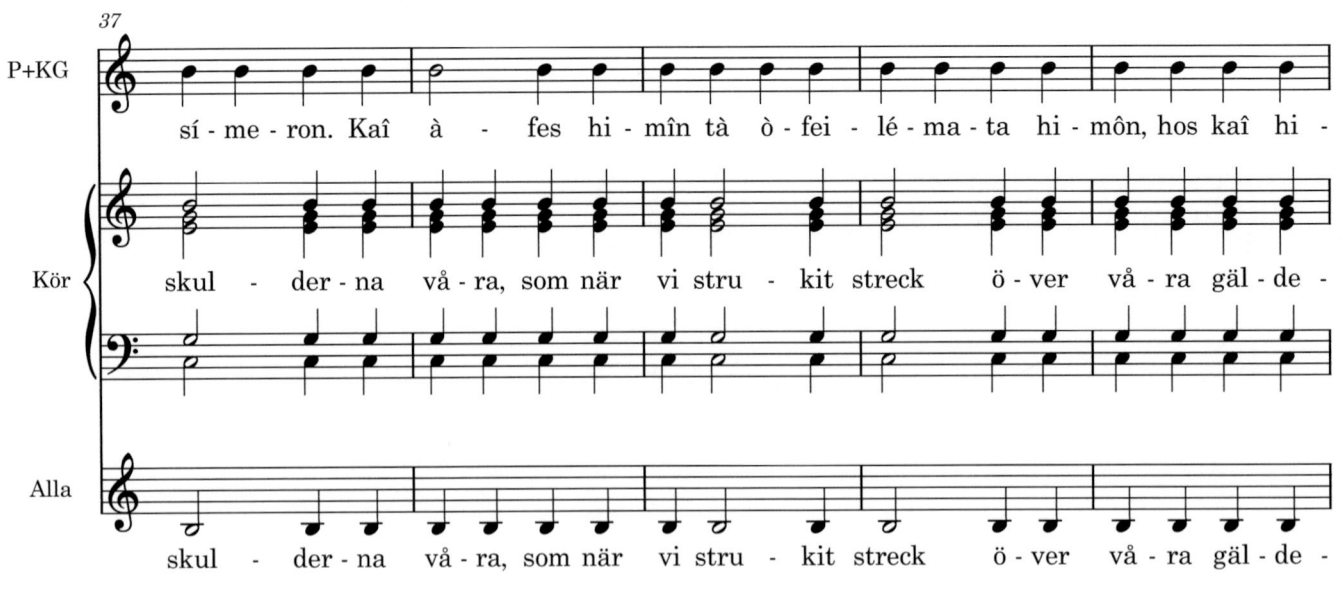

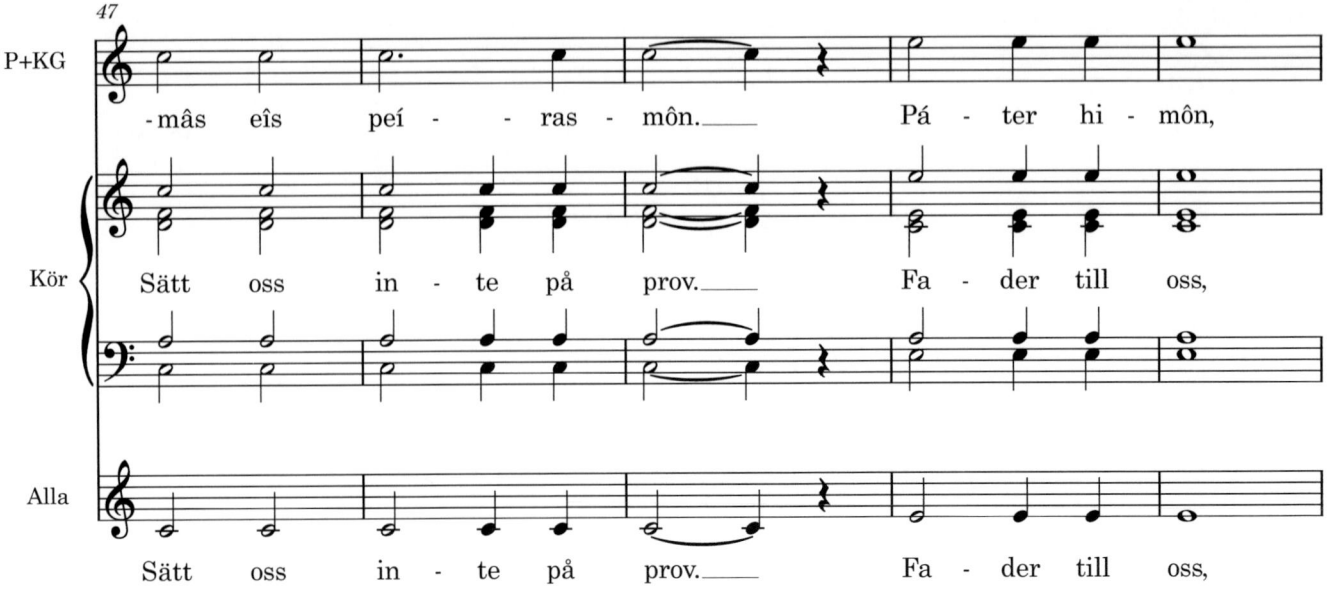

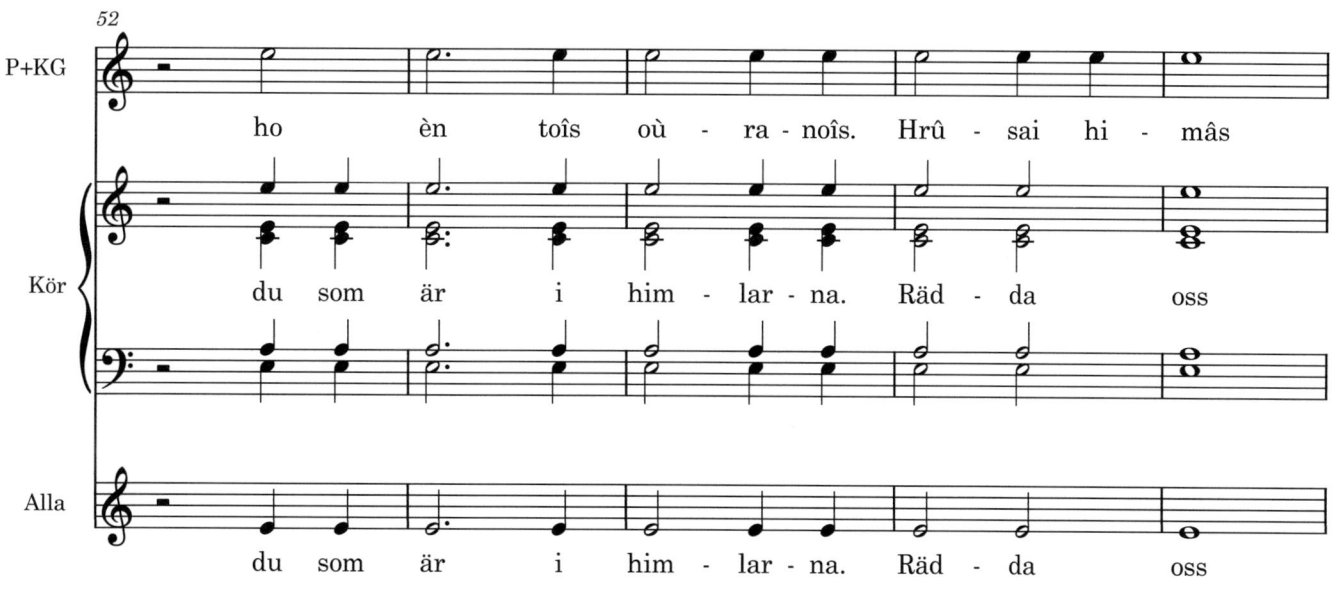

17. Fractio & Pax — Brödsbrytelsen / Guds frid i ditt liv

Sångtext © 2013 Åsa Hagberg. Musik © 2013 Maria Ljungdahl. ISWC T-315.334.454-4

18. Agnus Dei — Guds lamm

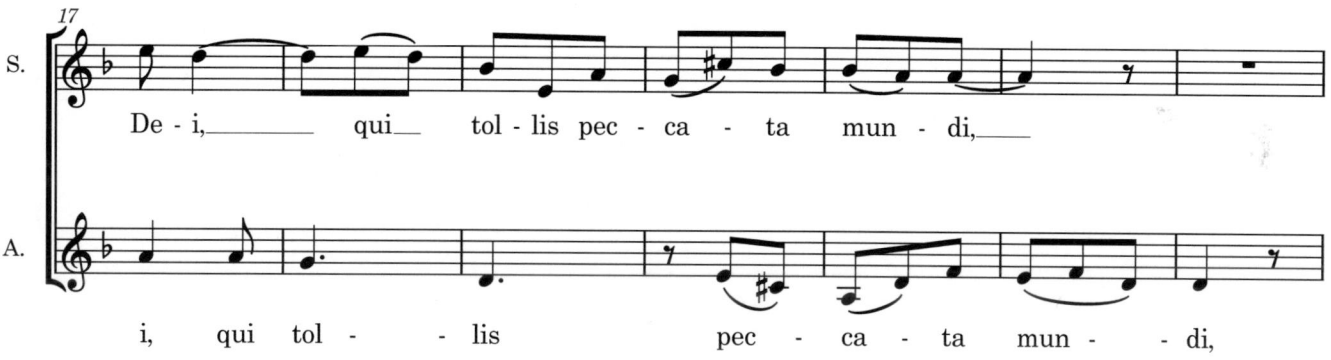

Musik © 2013, 2022 Maria Ljungdahl. ISWC T-315.310.584-7

19. Communio — Nattvardsfirande

Musik © 2022 Maria Ljungdahl. ISWC T-315.310.588-1

20. Hymn — Shalom, min frid ger jag er

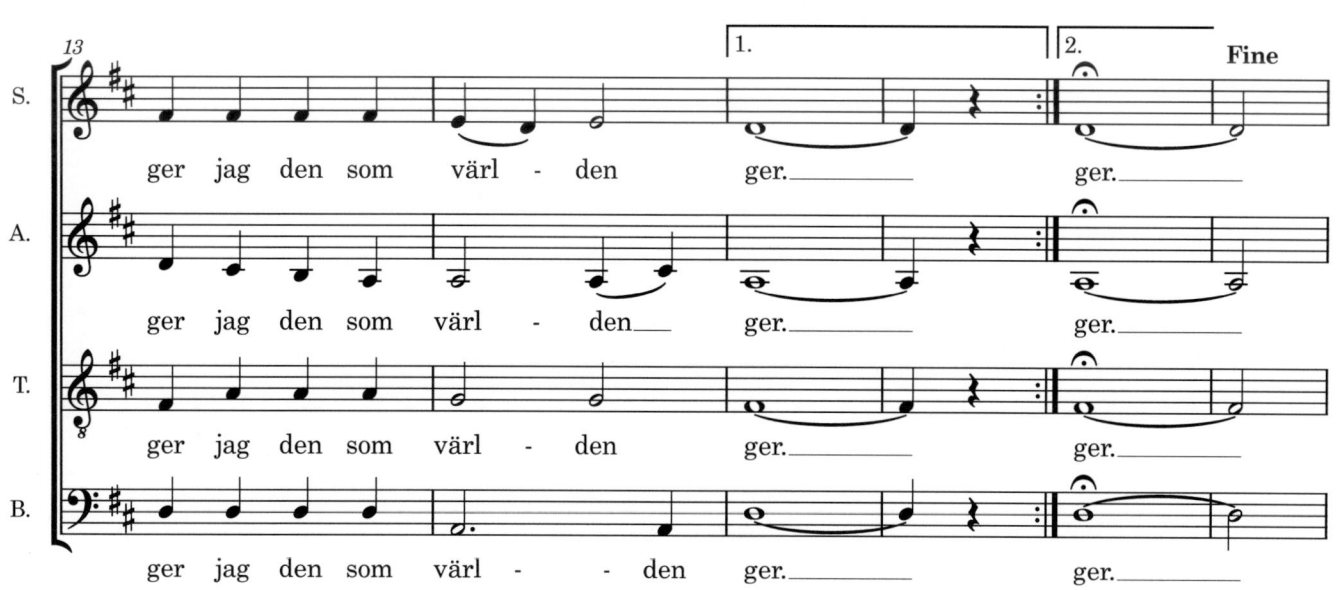

Traderad bibelvisa efter Joh. 14:27. Arrangemang © 2019 Maria Ljungdahl. ISWC T-315.334.818-2

Alla

Sha - lom,____ sha - lom.____ Min frid____ ger jag er.____

Alla *26*

_ Sha - lom,____ sha - lom.____ In - te

Alla *31*

1. 2. **D.C. al Fine**

ger jag den som värl - den ger.____ ger.____

21. Benedicamus & Alleluia — Tacksägelse

Solister ♩ = 80

Vårt dag - li - ga bröd för var - dag och fes - ter, Gud

Orgel

Sol. *2*

bju - der oss, vi är på jor - den hans gäs - ter. Så

Org.

Sol. *3*

tac - kar vi där - för i lust och i nöd____ vår

Org.

giv - mil - de Fa - der för liv och för bröd.___ A - men.

Hal - - le - lu - - - ja,___

Hal - - le - lu - - - ja,___

Hal - le - lu - ja, hal - le - lu - ja.___

50

22. Hymn — Hell dig gudasände

Kör
1. Hell dig gu-da-sän - de, som dö-den från oss vän - de.
2. Hell dig him-la-ko - nung, som gav oss li-vets ho - nung.
3. Frid är gi-ven jor - den, vår vil-ja god är vor - den,

Orgel

Kör
Up-på stor-migt vat - ten ljus-set tänds i nat - ten,
Ur din nå-des skå - lar e - vig säll-het strå - lar;
Gud i höj-den ä - ra! De, som kro-nor bä - ra,

Org.

Text F. W. Gustafsson (1900). Trad. Piæ Cantiones (1582). Arrangemang © 2014 Maria Ljungdahl. ISWC T-315.340.443-0

Kör:
syn - dens träl får del av him - len, skat - en. Till oss du kom, till oss du kom, och
jor - disk glans mot den för - gä - ves prå - lar. Till oss du kom, till oss du kom, och
sko - la bö - ja sig in - för din lä - ra. Till oss du kom, till oss du kom, och

Org.

Kör:
vil - set släk - te vän - de om till Her - ran.
vil - set släk - te vän - de om till Her - ran.
vil - set släk - te vän - de om till Her - ran.

Org.

23. Benedictus — Gå trygg framåt och lev din längtan

Präst

* P: Herren välsigne oss och bevare oss.
Herren låte sitt ansikte lysa över oss och vare oss nådig.
Herren vände sitt ansikte till oss och give oss frid.
I Faderns och Sonens och den heliga Andens namn.
* F: Amen.
* P: Gå i Herrens frid.

Tystnaden
är intensiv
Orden
ni aldrig sa
svider

Då kommer
han
vars ögon
jag inte
kan tåla

De är alltför
starka
och krävande

Jag kan inte
gömma mig

Men,
han kommer
fram till mig
Hårdheten
som aldrig fanns
ser jag inte längre

Han omsluter mig
med sin närvaro
god och stark och vacker

Livet har vänt om
från avgrunden
och jag ser återigen
fast mark framför mig

"Gå trygg framåt
och lev din längtan"
säger en röst inom mig
och jag vet
att det är han

Dikten "Gå trygg framåt och lev din längtan" © 1991 Maria Fernbom. ISWC T-315.340.739-3

24. Ite, missa est — Gå i Herrens frid

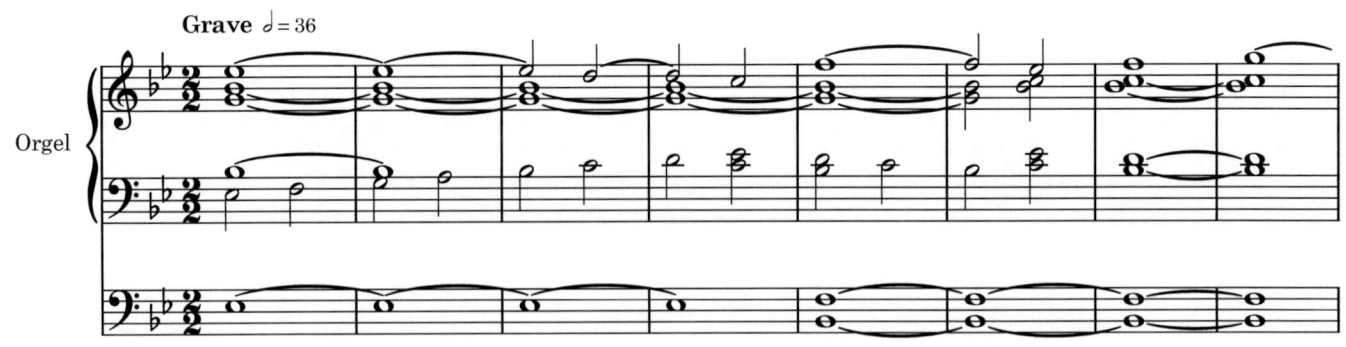

Musik © 2022 Maria Ljungdahl. ISWC T-315.334.654-0

25. Postludium — Guds frid är vår väg

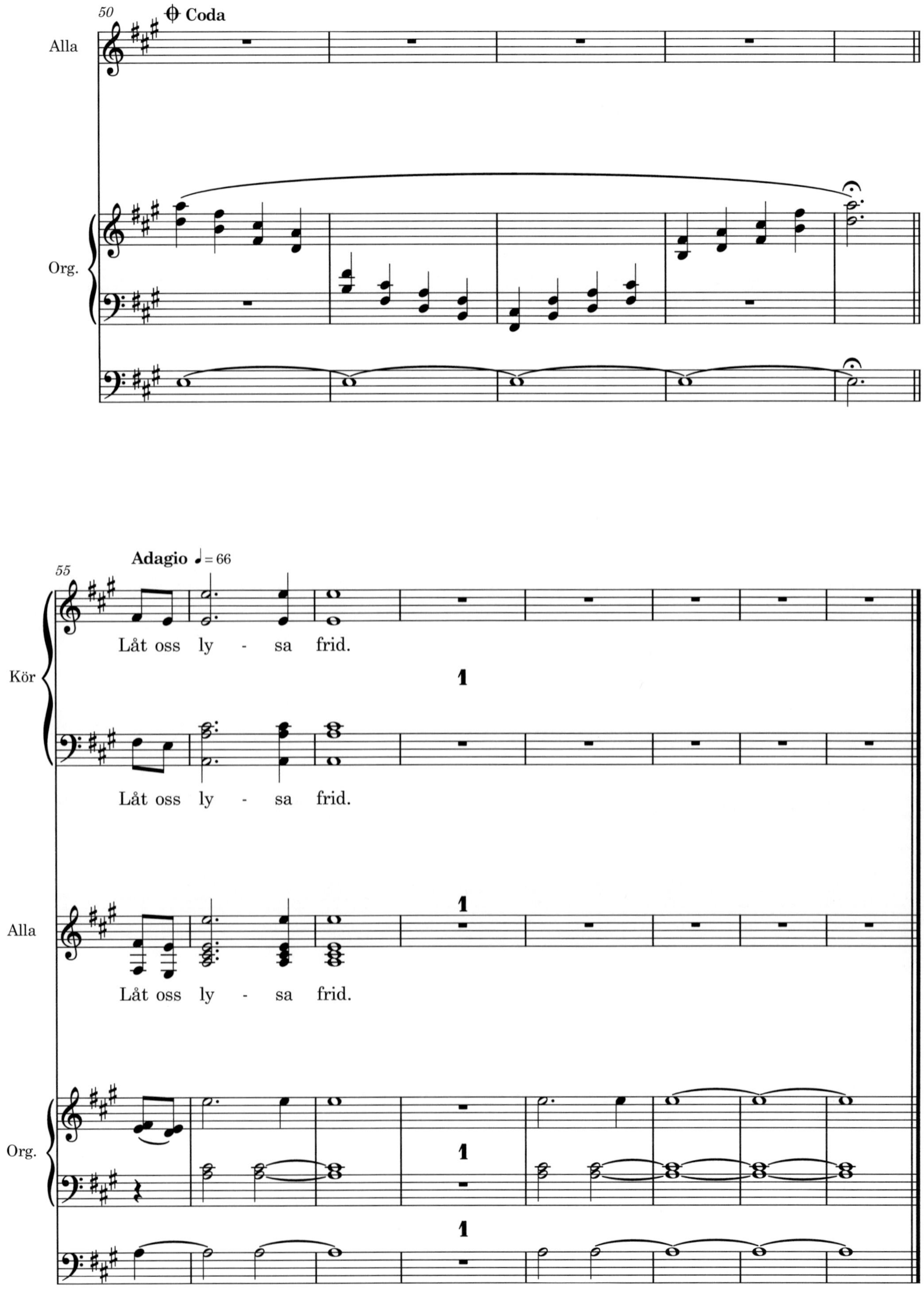

Adagio ♩ = 66

55

Kör

Låt oss ly - sa frid.

Låt oss ly - sa frid.

Alla

Låt oss ly - sa frid.

Org.

Källor och rättighetsinnehavare